REVUE

ARCHÉOLOGIQUE

PUBLIÉE SOUS LA DIRECTION

DE MM.

G. PERROT ET S. REINACH

MEMBRES DE L'INSTITUT

Dr Hermann SIEGLERSCHMIDT

—

LA BATAILLE DE PARIS

en l'an 57

AVANT NOTRE ÈRE

PARIS

ERNEST LEROUX, ÉDITEUR

28, RUE BONAPARTE (VIe)

—

1905

[1905, II, p. 257-271.]

LA BATAILLE DE PARIS

EN L'AN 52 AVANT NOTRE ÈRE [1]

Au mois de mai 52, Labiénus, détaché de l'armée romaine avec quatre légions, entreprit une expédition contre les Parisiens, la tribu dont Lutèce était le chef-lieu. Le rapport qu'il adressa à son général en chef a été inséré dans le VIIe livre de la *Guerre des Gaules* (chap. 57-62). Ce rapport a la réputation d'être plus obscur que le reste des *Commentaires*; cependant il ne s'agit, en réalité, que de quelques malentendus dus aux commentateurs, qui, en se trompant sur la signification d'un passage du 58e chapitre, n'ont pas trouvé la vraie position des camps de Labiénus et de son adversaire gaulois. En conséquence ils ont confondu les noms de deux villes mentionnées dans le cours du récit : *Meudon* et *Melun*. Voilà ce que je voudrais prouver; mais avant d'entrer dans ces détails, il faut rappeler les principaux événements qui précédèrent l'expédition de Labiénus.

En 58 avant J.-C., César apparut en Gaule. Il sauva le pays de l'hégémonie d'Arioviste et d'une nouvelle immigration de Germains; il servit les intérêts de la haute noblesse en combattant pour elle contre ses ennemis indigènes, les Helvètes, et en rétablissant son prestige par la défaite de l'oppresseur étranger. C'était lui qui avait empêché la résurrection de la dignité royale en Gaule. Mais César ne voulait pas être le libérateur des Gaules; il voulait les conquérir et ne tarda pas à jeter le masque. Les Belges (au delà de la Marne et de la Seine) et la ligue armoricaine (entre la Loire inférieure et la mer), aussi bien que les

1. Les idées essentielles de cet article ont été exposées pour la première fois, en allemand, dans le « *Militärwochenblatt* » ; la rédaction française a été augmentée de plusieurs détails importants.

Aquitains (entre la Garonne et les Pyrénées), furent soumis à sa
domination. Il porta les armes romaines en Germanie et dans la
Grande-Bretagne ; les Pyrénées, l'Océan et le Rhin devinrent
les frontières des provinces nouvellement conquises. Afin d'éta-
blir son autorité contre l'aristocratie gauloise et la loi romaine
contre les institutions du pays, il créa des rois et prononça des
arrêts de mort selon les lois et coutumes du peuple romain.
Aussi le parti des patriotes, dont il avait détruit les projets en
s'opposant aux Helvètes, gagnait-il sans cesse en influence ; à la
fin, il ne resta que très peu de Gaulois sincèrement attachés à
César. Les peuples qu'il avait vaincus ressentaient leur défaite,
et tous préféraient la liberté au joug de l'étranger. Lorsque César,
inquiété par les désordres qui troublaient Rome, passa l'hiver de
53 à 52 dans la Gaule cisalpine, un soulèvement eut lieu qui
n'avait besoin que d'une victoire pour devenir une insurrection
générale.

Ce soulèvement n'embrassa d'abord que les peuplades entre la
Garonne et la Seine : les Carnutes de l'Orléanais, toute la ligue
armoricaine (par exemple les Aulerques), les Sénons (habitants
des bords de la Seine supérieure et de l'Yonne), les Parisiens, les
Arvernes (Auvergnats) avec leurs alliés, et les Bituriges (habitants du Berry), qui avaient été membres de la ligue des Éduens,
restée, pour le moment, fidèle à César. Le jeune Vercingétorix,
s'étant fait roi des Arvernes à l'aide du peuple et de ses amis, avait
pris le commandement en chef de l'armée confédérée.

Au commencement de la guerre, la fortune favorisa César. Il
réussit à repousser une attaque sur la Narbonaise, frappa l'ennemi de terreur en traversant les Cévennes couvertes de neige
et ensuite, par une chevauchée de nuit et de jour, rejoignit ses
légions, qu'il concentra à Agiedincum (Sens). Au commencement de mars 52, il apparut devant Vellaunodunum (Château-
Landon), forteresse occupée par les Sénons révoltés, puis devant
Genabum (Gien[1]), ville importante des Carnutes, et enfin sous

1. Je ne crois pas que le *Genabum* des *Commentaires* ait été Orléans. Les
arguments allégués par Napoléon (*Hist. de Jules César*, II, p. 247, note 1)

les murs d'Avaricum (Bourges), capitale des Bituriges. Toutes
ces places furent prises ; à Avaricum on immola 40.000 hommes
aux mânes des marchands et usuriers italiens que les Gaulois, au
début de l'insurrection, avaient tués à Gien. En vain tâchat-il, après cela, de se concilier de nouveau les Eduens : contenus
par la peur, ils firent semblant de lui être favorables, ils se virent
même obligés de lui envoyer des troupes; mais le parti national,
qui avait pris le dessus chez eux, épiait le moment de l'abandonner. A ce moment de la guerre, César divisa son armée. Avec
six légions, c'est-à-dire avec des forces insuffisantes, il mit le
siège devant Gergovie, ville forte sur une montagne de l'Auvergne et protégée par toute l'armée des confédérés. Quatre légions furent confiées à Labiénus. Son expédition avait pour but
de pacifier les bords de la Seine; en même temps l'apparition
des quatre légions contiendrait les Bellovaques (aux environs
de Beauvais), amis des Eduens et toujours prêts à combattre.

En mai 52, Labiénus quitta Sens, en y laissant, pour garder
ses bagages et ses magasins, les recrues nouvellement arrivées
d'Italie. Les peuplades menacées rassemblèrent une armée, à la
tête de laquelle elles mirent Camulogène l'Aulerque, vieillard
renommé pour son expérience militaire. Labiénus suivit la rive
gauche de l'Yonne et de la Seine; lorsqu'il arriva sur les bords
de la vallée de l'Essonne[1], il vit, sur les hauteurs opposées et
derrière le marais qui remplissait alors toute la longueur
de cette vallée, les troupes de son adversaire gaulois. En vain

sont trop bons pour ne pas décider la question en faveur de Gien. Il suffit de
comparer les distances Orléans-Gergovie et Gien-Gergovie avec celle que,
d'après César, les dépêches orales des Gaulois avaient à parcourir entre Genabum et Gergovie (160 milles romains ou 237 kilom. et demi). C'est exactement
la distance Gien-Gergovie. L'inscription qui a été trouvée à Orléans peut y
avoir été transportée par les habitants de Gien, fondant — dans les temps paisibles de la domination romaine — un nouveau chef-lieu qui n'avait pas besoin
de l'assiette d'une forteresse de l'antiquité. De plus, ils ont peut-être donné à
cette nouvelle capitale le nom de l'ancienne, ce qui expliquerait tout ce qu'on
peut faire valoir en faveur d'Orléans.

1. On a soutenu que ce fut l'Orge ou la Bièvre, mais il est plus vraisemblable
que l'Essonne arrêta la marche des Romains.

chercha-t-il à construire un chemin à travers la vallée inondée; dans l'obscurité de la nuit, il rétrograda jusqu'à *Meclodunum* (Melun), ville des Sénons située sur une île du fleuve, s'empara d'une cinquantaine de bateaux, en fit une sorte de pont volant en les reliant ensemble et les garnit de soldats. Les habitants de Melun, terrifiés par cette invention inattendue, se rendirent, et Labiénus, après avoir rétabli les ponts de la ville, passa le fleuve pour continuer sa marche sur la rive droite, les cinquante bateaux l'accompagnant sur la Seine. Des fugitifs venant de Melun avertirent Camulogène. Il abandonna sur-le-champ sa position sur l'Essonne et se replia vers Paris; l'ordre d'incendier cette ville le précéda. L'île de Lutèce était couverte de ruines fumantes lorsque les troupes de Labiénus longèrent la rive droite en aval de l'embouchure de la Marne [1]. Les Romains campèrent alors sur la rive droite, tandis que Camulogène assit son camp sur la rive gauche.

Dans le 58ᵉ chapitre du VIIᵉ livre de la *Guerre des Gaules*, César dit de la situation des deux camps : *Ipsi profecti a palude in ripis* [2] *Sequanae e regione Lutetiae contra Labieni castra considunt.* Ce qui signifie : « Après avoir quitté leur position auprès du marais, ils (les Gaulois) campèrent sur les bords de la Seine vis-à-vis de Lutèce et en face du camp de Labiénus. »

On explique ce passage en traduisant *e regione Lutetiae* par « de l'autre côté de Lutèce », de sorte que l'île de la Cité aurait été située *entre* les deux camps [3]. Les deux armées auraient donc

1. D'après le récit de Napoléon dans son *Histoire de Jules César* (II, 287), Paris n'aurait été détruit qu'après l'arrivée de Labiénus. Cf. le texte de la *Guerre des Gaules*, VII, 58.

2. On s'est inquiété du pluriel « *in ripis* » ou « *ad ripas* » des manuscrits [il n'y en a que deux qui donnent *in ripa(s)*]; quelques commentateurs ont voulu en conclure que le camp des Gaulois était sur les deux rives (!); d'autres ont corrigé le texte en mettant : « *in ripa* ». Mais cet emploi du pluriel en pareil cas existe dans plusieurs langues modernes et paraît être d'autant plus justifié quand il s'agit d'une rivière aussi sinueuse que la Seine aux environs de Paris.

3. Voyez ce qu'en dit M. de Saulcy dans son mémoire *Campagnes de Jules César dans les Gaules* (p. 18-20). D'après cette interprétation de l'expression

attaché une grande importance à rester tout près d'un tas de
ruines qui, du point de vue militaire, avait perdu tout intérêt,

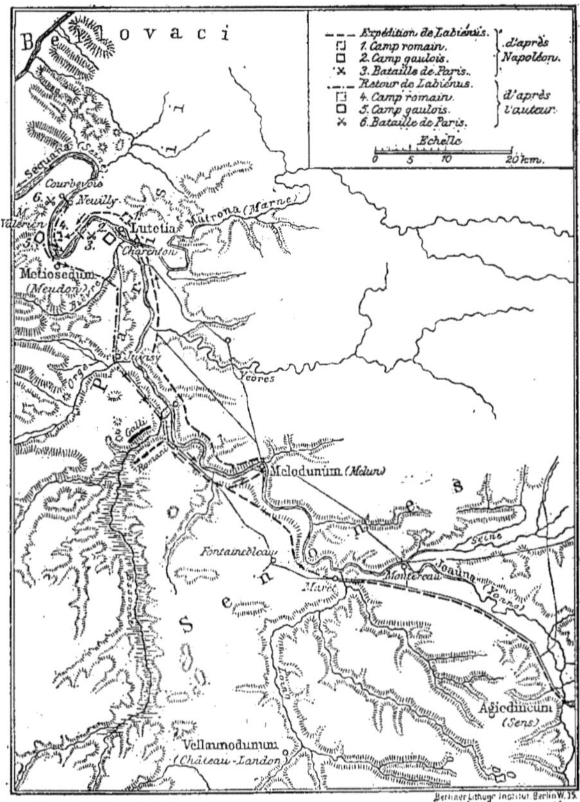

Expédition de Labiénus.

et qui ne pouvait que les incommoder par son odeur. Voilà ce
qui paraît assez improbable; néanmoins, en se tenant obstiné-
ment à la traduction que je viens d'alléguer, on n'a pas seule-

e regione, on a localisé le camp de Labiénus dans Paris moderne, à Saint-
Germain-l'Auxerrois ou sur la place du Châtelet, celui de Camulogène sur la
montagne de Sainte-Geneviève ou aux environs du quai des Grands-Augustins.

ment altéré le récit de César, mais le texte même des chapitres
en question.

Il y a, cependant, une autre interprétation possible des mots
e regione, que je vais proposer à l'instant après avoir achevé l'a-
nalyse du rapport de Labiénus sur la bataille de Paris.

La nouvelle de la défaite de César devant Gergovie et de la
levée du siège, ainsi que le bruit d'un soulèvement des Eduens et
de la retraite de César vers la province romaine, s'étaient répan-
dus jusque dans le bassin de la Seine. Les Bellovaques, toujours
prompts à violer les traités et, de plus, étroitement liés d'amitié
avec les Eduens, se préparaient à la guerre. Labiénus se vit
donc menacé d'une attaque simultanée des Bellovaques et de
Camulogène. D'autre part, la largeur d'un grand fleuve s'interposait entre les légions séparées de leurs cantonnements et de
leur matériel[1]; enfin, Labiénus s'impatientait de ne pouvoir
retourner à Sens pour rejoindre César. Mais il lui répugnait de
s'en aller sans avoir fait quelque chose, de terminer son expédition d'une manière peu satisfaisante et d'opérer sa retraite sous
la menace d'une attaque imprévue sur un terrain défavorable.

Il se résolut donc à livrer bataille : en franchissant la Seine et
en battant Camulogène, il mettrait une barrière assez solide entre
les Romains et les Bellovaques et quitterait la région de Paris
en vainqueur.

Ce plan fut mis à exécution dès la nuit suivante. Les cinquante
bateaux amenés de Melun, chacun commandé par un des jeunes
chevaliers qui apprenaient l'art militaire dans l'armée romaine,
furent envoyés en aval du camp. A la fin de la première veillée
(vers onze heures), ils partirent sans bruit, descendirent le fleuve
jusqu'à une distance de 4 milles romains (6 *kilomètres*) et atten-
dirent l'arrivée des légions.

Une légion — la moins aguerrie — resta sur la rive droite :
cinq cohortes pour garder le camp et cinq cohortes pour être

---

1. *Tum legiones a praesidio atque impedimentis interclusas maximum flumen
distinebat.* Voyez plus bas.

envoyées en amont. Avec tous les bagages de l'armée et accompagnées, sur le fleuve, de toutes les barques qu'on avait pu réunir, elles partirent à minuit, faisant le plus de bruit possible. Si les Gaulois se laissaient tromper, ils devaient croire que toute l'armée romaine était en marche pour opérer sa retraite sur la rive droite. Même les cinquante bateaux venus de Melun étaient supposés suivre cette retraite fictive; il est évident que les coups de rames et les cris des rameurs avaient pour objet de le faire croire.

Labiénus lui-même (*cum tribus legionibus*)[1] s'en alla rejoindre ses bateaux un peu après minuit. Favorisés par un violent orage, ceux qui passèrent les premiers surprirent les vedettes de l'ennemi; ensuite le reste de l'armée les suivit et prit pied sur la rive opposée, sans être inquiétée par les Gaulois. Ce ne fut que vers la pointe du jour (entre deux et trois heures du matin) que Camulogène apprit tout ce qu'avait fait le général romain. Il jugea que l'ennemi, étant sur le point de se retirer à Sens et vers la province romaine[2], traversait le fleuve sur trois points différents, et il semble que cette erreur lui fut fatale. Il divisa ses troupes en trois corps, dont il conduisit l'un en aval ; un autre fut laissé sur les bords du fleuve entre les deux camps ; un troisième marcha en amont pour observer les mouvements de la flottille remontant le fleuve. Ayant été averti qu'un corps romain assez nombreux avait déjà passé le fleuve en aval, le vieux chef gaulois ne fut que partiellement la dupe du stratagème de son adversaire; car il n'envoya en amont (vers Metiosedum) qu'un très faible détachement : *Nam praesidio e regione castrorum relicto et parva manu Metiosedum versus missa, quae tantum progrederetur, quan-*

---

1. *Guerre des Gaules*, VII, 60. § 4.

2. On s'est formalisé du passage : *Quod existimabant (Galli) tribus locis transire legiones atque omnes perturbatos defectione Haeduorum fugam parare...* (*Guerre des Gaules*, VII, 61, § 4), parce que les Romains traversaient le fleuve pour *attaquer* les Gaulois (cf. von Göler, *Cäsars Gallischer Krieg*, 1, 295, note 2; *Histoire de Jules César*, II, 289, note 1 ; *Zeitschrift für das Gymnasialwesen*, t. XLI, 563). Cependant cette expression de « *fugam parare* » s'applique parfaitement à la situation. On peut bien *préparer* sa retraite en attaquant l'adversaire qui est le plus à même de s'y opposer.

tum naves *processissent, reliquas copias contra Labienum duxe-*
runt (Galli).

Néanmoins Labiénus réussit à le tromper sur la manière dont il effectua son passage. De peur que son camp ne fût pris pendant son absence, Camulogène affaiblit le corps qui allait l'accompagner en aval, pour renforcer celui qui devait couvrir le camp.

Au point du jour (entre trois heures et demie et quatre heures moins un quart), les légions romaines, ayant achevé le passage de la Seine, aperçurent le corps de Camulogène rangé en bataille en face d'elles. Alors Labiénus harangua ses gens et donna le signal du combat. L'aile droite des Romains — la VIIe légion — battit et poursuivit l'aile gauche des Gaulois; mais la droite de l'ennemi ne recula pas devant l'attaque de la XIIe légion. Il fallut rappeler la VIIe, qui, revenant de la poursuite, prit les Gaulois à revers[1]. Alors ces braves gens tombèrent glorieusement jusqu'au dernier, Camulogène avec les autres.

Sur ces entrefaites, le corps gaulois qui gardait le camp avait été averti. Il accourut et occupa une colline, qui, sans doute, était située en arrière du lieu du premier engagement. Dans une position avantageuse, ce corps se croyait assez fort pour tenir tête aux deux légions. Mais les fuyards furent jetés sur le nouveau front de bataille et portèrent la confusion dans ses rangs. Les Romains, emportés par l'élan de leur première victoire, eurent beau jeu pour vaincre une seconde fois. Tous les Gaulois qui ne purent s'abriter dans les bois et sur les hauteurs du voisinage, furent tués par la cavalerie lancée à leur poursuite. Alors Labiénus put faire venir les troupes qu'il avait laissées sur la rive droite et continuer sa marche sur la rive gauche. Il regagna Agedincum (Sens) et, partant de là, opéra sa jonction avec César après une marche de trois jours.

Tels sont les faits racontés par César.

Voyons maintenant quelles sont les erreurs dues à une inter-

---

1. N'est-il pas singulier que Labiénus, qui, d'après le soixantième chapitre, a passé le fleuve avec *trois* légions, n'en a que *deux* pendant la bataille? De quoi la troisième légion peut-elle s'être occupée à ce moment?

prétation fautive des mots *e regione Lutetiae contra Labieni castra*, qui, employés par rapport à la situation du camp de Camulogène, ont éveillé l'idée que les deux camps auraient été tout près de Paris et situés des deux côtés de la ville.

Dans cette hypothèse, il faudrait chercher les camps *vis-à-vis de la pointe occidentale de l'île de la Cité*. Or, si l'on compte *6 kilomètres* en aval de la pointe de l'île, on est encore en amont de la gare du *Point du Jour*, où les commentateurs modernes veulent que le passage ait eu lieu[1]. Mais, dans le 61e chapitre, César fait mention d'un détachement gaulois envoyé *Metiosedum versus*, c'est-à-dire vers « Meudon[2] ».

Or, César dit que le passage de Labiénus a été effectué *en aval* des camps, et si nous supposons que les Romains aient franchi la Seine au Point du Jour et que la *parva manus*, — le petit détachement — ait marché vers Meudon, ce détachement doit avoir accompagné Camulogène jusqu'à Grenelle (en face du Point du Jour), pour continuer ensuite sa marche vers Issy et Meudon[3]. Cependant, cette partie de l'armée gauloise avait reçu l'ordre d'observer les bateaux de Labiénus et de ne pas dépasser l'endroit où ces bateaux s'arrêteraient. Il faut donc supposer que les chevaliers romains à qui Labiénus avait confié sa flottille de bateaux, ont fait une promenade en bateau en aval du Point du Jour : excursion bien agréable, sans doute, mais peu vraisemblable dans la circonstance[4].

L'hypothèse que Metiosedum (Meudon) ait été situé *en aval*

1. Le général von Göler suppose que les Romains ont traversé la Seine à Issy, c'est-à-dire *huit* kilomètres en aval de Lutèce et *en amont* de Meudon.

2. Aux environs de Paris, il n'y a pas d'autre ville ou village dont le nom puisse être dérivé de « *Metiosedum* ».

3. Cf. de Saulcy, *Les campagnes de Jules César*, I, 28 ss.

4. Ceux qui s'attachent à l'interprétation que je viens de citer appuient sur le mot « *naves* », dont César se sert en parlant de la flottille que le détachement envoyé vers Meudon avait à suivre. Ils prétendent que César aurait désigné les barques qu'on avait réunies pour accompagner les cinq cohortes en amont du camp par le mot de « *lintres* ». Toutefois, Labiénus désirait *tromper* Camulogène en envoyant les barques en amont, et apparemment Camulogène s'est laissé duper, en prenant les barques pour des bateaux. Par conséquent, son ordre a dû se rapporter à des *bateaux*, non pas à des barques.

des camps, conduit donc à des absurdités. C'est pourquoi d'autres commentateurs ont préféré couper le nœud de diverses manières; les uns ont prétendu que, dans tous les (quatre) passages en question [1], il fallait écrire *Melodunum* [2]; les autres, qu'il fallait écrire, dans tous ces cas, *Metiosedum*, Metiosedum étant le vrai nom de Melun. Il y en a même qui, ne se contentant pas de donner à l'une de ces deux villes le nom de l'autre, ont fait un mélange des deux noms de *Meclodunum* et de *Metiosedum*, en y substituant *Meclosedum* !

Cette substitution de Melun à Meudon est vraiment trop commode. Elle offre d'ailleurs une grave difficulté au point de vue militaire, car la distance entre Paris et Melun est trop grande; Camulogène ne peut pas avoir donné l'ordre : « Marchez vers Melun, pour surveiller les mouvements des bateaux » ! De plus, il y a une autre difficulté : on ne saurait faire dériver Melun de *Metiosedum*.

Au 61ᵉ chapitre du VIIᵉ livre (§ 5; César y parle de Meudon), nous ne trouvons que *metiosedum* ou *metlosedum* [3]. Dans les autres chapitres (où César parle évidemment de Melun : 58, 2; 58, 6; 60, 1), plusieurs manuscrits portent *metiosedum* au lieu de *mellodunum* [4]; mais la forme d'où dérive le nom moderne de Melun l'emporte de beaucoup sur l'autre [5]. Ajoutons que la

1. *Guerre des Gaules*, VII, 58, § 2 et § 6; 60, § 1 (où César parle de Melun), et 61, § 5 (où il parle de Meudon).

2. Ou *Mellodunum* (*Meclodunum*). Napoléon, dans son *Histoire de Jules César*, écrit : « Quelques manuscrits portent *Metiosedum*, version tout à fait incorrecte, suivant nous » (II, 289, note 2).

3. Cf. ce que dit M. de Saulcy de l'étymologie de Meudon (*Meodum*, d'après les documents des xiiᵉ et xiiiᵉ siècles), dans ses *Campagnes de Jules César*, I, 30.

4. D'une comparaison des manuscrits A (Q), B (M, S), a (f), h (l), il résulte que, en ce qui touche le commencement du 58ᵉ chapitre (§ 2), *metiosedum* ne s'est glissé que dans les manuscrits a (f) et h (*corr. in margine*); quant à 58, 6 il ne se rencontre que dans S, a (f) h (l); tandis que le 60ᵉ chapitre contient ce nom dans S, a (f), h (l) et, de plus, dans A (Q). En croyant qu'il ne s'agissait que d'une seule ville, les copistes ont évidemment commis la même erreur que les éditeurs et interprètes modernes ; on voit que le mot se trouve de plus en plus souvent dans les manuscrits, quand on s'approche de l'endroit où il n'est plus déplacé.

5. Voici les différentes formes du nom de *Melodunum* qui se trouvent dans les manuscrits cités (note précédente); *mellodunum* (6 fois), *melodunum* (1 fois),

Table de Peutinger nomme la ville de Melun *meteglum* (ce qui est, sans doute, une orthographe corrompue), que l'*Itinéraire d'Antonin* porte *mecletum*, et que, du temps des rois mérovin-

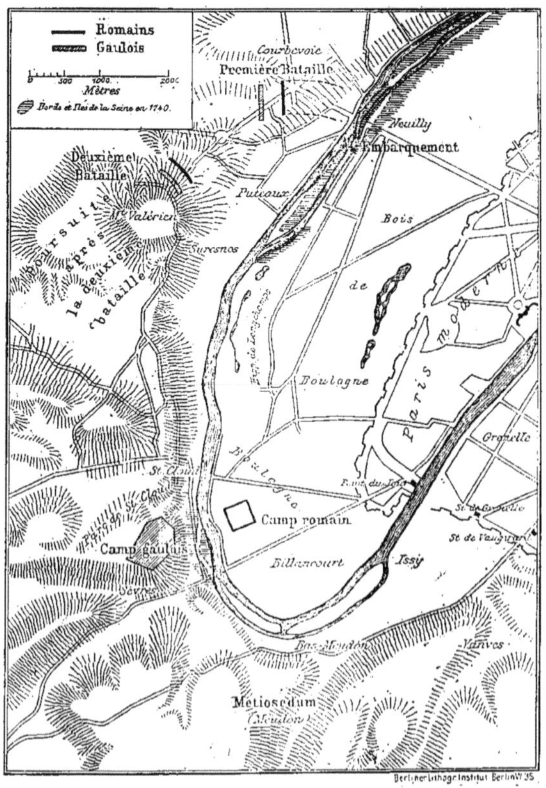

Situation présumée des camps et des champs de bataille près de Paris.

giens et carlovingiens, Melun s'appelait *Mecledunum*, *Melodunum* ou *Meldunum*[1].

belldunum (1 fois), *melledunum* (3 fois), enfin les ablatifs *metclodone* (2 fois), *meclodone* (3 fois) et *mellodone* (1 fois).

1. Grégoire de Tours, dans son *Histoire des Francs*, dit *Mecledonense castrum* (VI, 31), et cette forme de l'adjectif se répète dans le 32ᵉ chapitre. Un document de l'an 538 porte « *Mecledone episcopus* » (Ruinart, p. 1328).

Je conclus de là qu'il s'agit *de deux villes différentes*, dont l'une, mentionnée par César dans le 64ᵉ chapitre du VIIᵉ livre de la *Guerre des Gaules*, s'appelait *Metiosedum* (Meudon) et l'autre, qui se nommait *Meclodunum*[1], était Melun.

Au lieu d'altérer le texte de César, il aurait mieux valu chercher une autre interprétation des mots *e regione Lutetiae contra Labieni castra*.

Puisque César dit que les deux camps étaient situés sur l'une et l'autre rive de la Seine et vis-à-vis l'un de l'autre, et que le détachement qui fut envoyé vers Metiosedum exécuta ce mouvement en amont des camps, il est évident que les camps étaient *en aval* de la ville dont le nom conserve celui de Metiosedum, c'est-à-dire de Meudon.

En ce cas, Paris ne peut pas avoir été entre les deux camps : mais le camp de Labiénus peut avoir été *entre celui de Camulogène et Lutèce*, de manière que le camp des Gaulois fît face non seulement au camp des légions, mais aussi à la ville de Paris, qu'ils voyaient — probablement du haut d'une position élevée —devant eux dans la plaine. Le camp de Camulogène était *sur le prolongement d'une ligne droite menant de Paris au camp romain*, et, du point de vue de Labiénus, il fallait, après avoir regardé Paris, faire un demi-tour pour voir le camp de son adversaire.

Les environs de l'endroit où l'on voudrait placer le camp de Camulogène doivent donc remplir deux conditions : 1° il faut qu'il y existe une colline qui, par sa forme et sa hauteur, pouvait attirer l'attention des Romains; 2° il faut qu'il y ait eu des montagnes et des forêts dans le voisinage immédiat de cette colline.

L'hypothèse que je vais proposer me paraît très vraisemblable; il va sans dire qu'elle reste une hypothèse.

Je trouve la position du camp gaulois *sur les hauteurs de Saint-Cloud*, où il gardait à merveille la route de Mediolanum (Évreux), ville des Aulerques, que Camulogène, chef des forces de ce peuple, avait à protéger en première ligne après la destruction

---

1. Ou *Mellodunum*, ou peut-être *Mecletodunum*.

de Paris. En ce cas, le camp de Labiénus doit avoir été à *Boulogne-sur-Seine*.

Les bateaux du général romain furent envoyés à quatre milles romains (6 kilomètres) en aval du camp. Or, si ce dernier était en face de Saint-Cloud, il y a 6 kilomètres de là jusqu'à *Neuilly*, où les îles de la Seine pouvaient masquer l'embarquement des légions, et où, de l'autre côté du fleuve, le terrain se prête sans difficulté à la localisation du récit de César. Le premier engagement a donc eu lieu aux environs et en amont de *Courbevoie*, et la supposition que la hauteur, théâtre de la dernière résistance des Gaulois, serait celle que couronne aujourd'hui la forteresse du mont Valérien, n'a rien de trop improbable. Au-delà (au sud-ouest) du mont Valérien, il y a les collines et les bois où les fugitifs s'abritèrent.

Je ne voudrais pas terminer cet examen du rapport de Labiénus sans parler de quelques obscurités qui ne concernent pas la situation des camps.

On lit, à la fin du 59° chapitre, un passage — déjà mentionné ci-dessus — dans lequel il est question des soucis de Labiénus :
Tum legiones a praesidio atque impedimentis interclusas maximum flumen distinebat.

On le traduit ainsi : « D'ailleurs, un très grand fleuve séparait les légions de leur refuge et de leurs bagages ». C'est une très mauvaise traduction. Si elle était exacte, la notion déjà exprimée par *distinebat* ne devrait pas être répétée par *interclusas*. Il faut donc traduire : « D'ailleurs, la largeur d'un grand fleuve s'interposait entre les légions séparées de leurs cantonnements et de leur matériel de guerre ».

Rappelons-nous maintenant que Labiénus, n'ayant laissé sur la rive droite qu'*une seule légion*, livra la bataille *avec deux légions*. Or, comme il était parti de Sens avec *quatre* légions, l'idée nous vient qu'il avait peut-être laissé *une* de ses légions en route [1]. Quelle était alors la rivière qui la séparait des autres, la

1. On ne saurait éviter cette conclusion, à moins qu'on ne veuille rendre *distinebat legiones* par « coupait les légions » (c'est-à-dire du reste des Gaules

Seine ou la Marne? J'incline à supposer qu'elle était peut-être restée sur les bords de l'Essonne, d'abord pour tromper Camulogène, puis pour défendre Melun et assurer la retraite sur Sens; car, en amont de Melun, cette retraite devait s'opérer sur la rive gauche de la Seine[1]. Il n'est pas improbable que Labiénus ait eu en vue de protéger Sens lui-même contre une attaque de Camulogène; car, en traversant la Seine, il perdit, pour le moment, le contact avec l'ennemi et renonça à l'avantage de connaître à temps ses intentions. En effet, Camulogène n'apprit le départ des Romains que par des fugitifs venant de Melun; il s'en serait aperçu plus tôt, sans doute, s'il n'y avait pas eu un corps ennemi sur l'autre rive de l'Essonne. Admettons que, Camulogène étant parti pour les environs de Paris, la légion pouvait s'en aller rejoindre Labiénus. Cependant il se peut aussi qu'il n'ait pas eu le temps de l'avertir; César nous dépeint les appréhensions de Labiénus immédiatement après avoir parlé de l'arrivée des deux armées dans le pays limitrophe de Paris (*Jam Caesar a Gergovia discessisse audiebatur, etc.*).

Si mon interprétation du passage en question est exacte, il faut que César, par mégarde, n'ait pas dit que la légion avait été détachée de l'armée. Il est vrai que le 60ᵉ chapitre (§ 4) contient un passage qui semble contredire l'hypothèse que je viens d'exposer; César y parle de trois légions avec lesquelles Labiénus aurait traversé la Seine. Mais où est ensuite cette troisième légion? Il n'y a qu'une alternative : ou Labiénus a été assez téméraire pour ne pas vouloir livrer bataille avec trois légions, ou le mot *tribus* (remplaçant *duabus*) est une correction due à des commentateurs qui ne s'expliquaient pas ce qu'était devenue la quatrième légion.

Je m'estimerais heureux si je pouvais avoir donné une nouvelle

et de leurs amis en détresse), et qu'on ne veuille supposer que *legiones* désigne *toutes les dix légions* qui se trouvaient en Gaule. C'est surtout le fait que deux légions seulement prirent part à la bataille qui m'empêche d'admettre l'une ou l'autre de ces deux traductions.

1. Cf. Napoléon, *Histoire de Jules César*, II, 285, note 3.

impulsion à l'étude d'une partie des *Commentaires* qui, assurément, ne mérite pas le reproche d'être plus difficile à comprendre que le reste. C'est pourquoi je prie ceux de mes lecteurs qui s'intéressent à la question de bien vouloir contrôler, à l'aide d'une carte topographique ou sur le terrain lui-même, les interprétations que je viens de leur soumettre. Quant à moi, la comparaison du terrain proposé par mes devanciers avec celui que je viens de proposer moi-même — comparaison que j'ai faite sur les lieux — m'a tout à fait convaincu de la justesse de mes localisations.

Angers. — Imp. A. BURDIN et Cie, 4, rue Garnier.

MUSÉES
ET COLLECTIONS ARCHÉOLOGIQUES
DE L'ALGÉRIE
ET DE LA TUNISIE

TOME XIII. — MUSÉE DE TLEMCEN

par W. Marçais, Directeur de la Médersa d'Alger.

In-4°. 14 planches . . . . 12 fr.

Précédemment parus.

I. — **Musée d'Alger.** Texte par Georges Doublet. In-4, avec 17 planches, en un carton . . . . 12 fr.

II. — **Musée de Constantine.** Texte par Georges Doublet et Paul Gauckler. In-4. avec 16 planches, en un carton. . . . . 12 fr.

III. — **Musée d'Oran.** Texte par R. de la Blanchère. In-4, avec 7 planches, en un carton . . . . 10 fr.

IV. — **Musée de Cherchel.** Texte par Paul Gauckler. In-4, avec 21 planches, en un carton . . . . 15 fr.

V. — **Musée de Lambèse.** Texte par R. Cagnat, membre de l'Institut. In-4, avec 7 planches, en un carton. . . . . 10 fr.

VI. — **Musée de Philippeville.** Texte par MM. S. Gsell et Bertrand. In-4, avec 11 planches, en un carton . . . . 12 fr.

VII. — **Musée Alaoui.** Texte par R. de la Blanchère et Paul Gauckler. En 2 parties. In-8, illustré de 43 planches. . . . . 10 fr.

VIII. — **Musée Lavigerie de Saint-Louis de Carthage.** Collection des Pères Blancs formée par le R. P. Delattre, correspondant de l'Institut. Publié par la Commission de l'Afrique du Nord.

    Fasc. I. — Antiquités puniques. In-4, 36 planches, en un carton. . 26 fr.

    Fasc. II. — Antiquités romaines. In-4, 27 planches, en un carton. . 15 fr.

    Fasc. III. — Antiquités chrétiennes. In-4, 13 planches, en un carton . 12 fr.

IX. — **Collection du commandant Farges,** à Constantine. Texte par MM. Besnier. et Blanchet. In-4, 12 planches, en un carton . . . . 12 fr.

X. — **Musée de Tébessa,** par Stéphane Gsell. In-4, 11 planches, en un carton . . . . 12 fr.

XI. — **Musée de Sousse,** par P. Gauckler, directeur du Service des Antiquités de la Tunisie; E. Gouvet conservateur du Musée Municipal de Sousse ; G. Hannezo, capitaine au 4ᵉ tirailleurs. In-4, planches, en un carton . . 15 fr.

XII. — **Musée de Timgad,** par A. Ballu, architecte en chef des Monuments historiques de l'Algérie et René Cagnat, de l'Institut, professeur au Collège de France. In-4, 14 planches, en un carton . . . . 12 fr